Your Town, Jan. 30, 1915

The A. N. Palmer Co.,
New York City

Gentlemen;— I have completed the
lessons in the Palmer Method of Bus-
iness Writing, and herewith submit my
examination. I have tried to follow
closely the printed instructions in the
manual, and hope to obtain a Final
Certificate.

Awaiting your decision, I am,

GALERIE MONTMARTRE

Dated Jan. 30, 1915

Gentlemen:— I have completed the
in the Palmer Method of Bus-
herewith submit my

A. Paris

Vintage Paris Ephemera

by
Kitty Rose Vintage

kittyrosevintage.com

How to use this book:

Thank you for your purchase, this hand-curated book of vintage Paris ephemera can be used for: papercraft art, junk journals, scrapbooking, collage, decoupage, card making, mixed media and many other crafts, decorate invitations and gift tags.

Just carefully cut out each image from the book as needed or make photocopies or scans to use them more than once.

The back of each page features one decorative background design which we have also repeated at the end of the book so you can use them too!

I hope you enjoy using the book, the possibilities are limitless. Use the images as a source of inspiration and to boost your creativity.

I hope you have lots of fun making beautiful designs.

iu

anniversaire de l'envolée
é 12½ × 12.
          3   »   0 75
iversaire de la naissance
on. Dentelés 12½.
          37   25
      15   3 50

issance de l'académicien
62.

la naissance du peintre
          7   8

1957. — Type 12. 275e anniversaire de la naissance
de Vitus Bering, navigateur russo-danois.
Dentelé 12½ × 12.
1890 40 k. brun, bleu, bleu-
          vert et sépia   7   »   1 25

1957. — Type ka. Cinquantenaire de la mort du
chimiste D. J. Mendeleïev. Dentelé 12½ × 12½.
1891 40 k. gris et brun-violet   4   »   1 75

Ce timbre a été surchargé en 1959 pour le Congrès Mendeleïev, mais n'a pas été mis en circulation (valeur 200).

1957. — Centenaire de la
mort du compositeur M.
Glinka. Sujets divers. Millésimes 1857-1957.
Dentelés 12½, 12 × 12½.

Sujets : 40 k. portrait de
Glinka ; 1 r. scène de
« Ivan Soussanine ».

1892 40 k. rouge, chair et brun
1893   1 r. polychrome   50

1957. — Festival de la
jeunesse soviétique à Moscou.   2 2

1894   k. multi-
colore.

1957. — 23e Championnats
mondiaux de hockey sur
glace, à Moscou. Sujets
divers (même présentation).
Dentelés 12½, 12 × 12½.

Sujets : 25 k. insigne des joueurs
russes ; 40 k. joueur en action ;
60 k. gardien de but.

1895 25 k. violet   1 25   0 5
1896 40 k. bleu
1897 60 k. vert   6 50   4 75

ix

honneur de Kalidasa, poète
e et Ve siècles). D. 12 × 12½.
é   .   .   2   »   0 75

tenaire du premier théâtre
St-Pétersbourg-Leningrad).

n-gris
          2   »   0 75

ivains (1re série). Sujets et
présentation). Millésimes
lés 12½, 12½ × 12.

Sujets : n° 1883,
Maxime Gorki ; n°
1884, M. V. Lomo-
nossov ; n° 1885

Dentelés 12 × 12½.
Sujets : n° 1900, pein-
ture sur bois ; n° 1901,
ciseleur sur bois ; n° 1902,
dentellière ; n° 1903, ciseleur sur os ; n° 1903A,
Turkmène tissant des
tapis ; n° 1903B, peintre
de Palekh.

1900 40 k. polychrome
1901 40 k. polychrome
1902 40 k. polychrome
1903 40 k. polychrome
1903A 40 k. polychrome
1903B 40 k. polychrome

Nos 1900 à 1903B (6 val.)

1957. — Animaux divers.
Dentelés 12-12½.

Sujet : n° 1903B, ours de
l'oural ; n° 1904, ours polaire ;
écureuil et lièvre ; n° 1907, bison ;
n° 1909, élan. — Format verti-
1907 et 1908 horizontal pour l
1903C 15 k. brun et polychrom
1904   brun et polychrom
1905A   brun et polychrom
      20   orange et polychro
      35   vert et polychr
1907 50 k. brun et pol
1908 50 k. brun et
1909 40 k. vert et

Nos 1903 à 1909 (8 val.)
Ces timbres sortirent
418-   à 2 .

1957. — Armoiries de 1938
Dentelés 12½.

191   Rouge (n° 4)
1910A 4 k. noir (
1910B 2 k. vert (dp)
1911 2 k. bleu-gris (dp)
1911   30 k. brun (ds)
1911B 40 k. rouge-brun (tr)

Nos 1910 à 1911B (6 val.)

Ces timbres ont été imp
n° 734 était typographié),
le n° 1910, 14 × 21 pour les a

1957. — Armoiries de l'U.R.

Troupe de
MLLE ÉGLANTINE

Eglantine   Cléopatre
Jane Avril   Gazelle

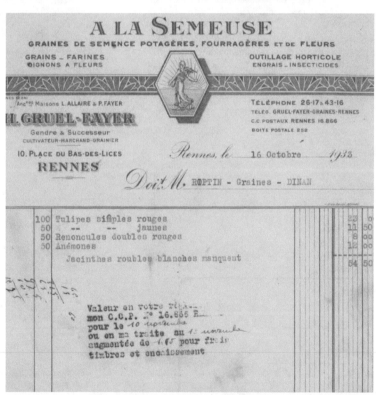

A LA SEMEUSE

GRAINES DE SEMENCE POTAGÈRES, FOURRAGÈRES ET DE FLEURS

GRAINS - FARINES
OIGNONS A FLEURS

OUTILLAGE HORTICOLE
ENGRAIS - INSECTICIDES

Ancⁿᵉ Maisons L. ALLAIRE & P. FAYER

H. GRUEL-FAYER

Gendre & Successeur
CULTIVATEUR-MARCHAND-GRAINIER

10, PLACE DU BAS-DES-LICES
RENNES

TÉLÉPHONE 26-17 & 43-16
TÉLÉG. GRUEL-FAYER-GRAINES-RENNES
C.C POSTAUX RENNES 16.866
BOITE POSTALE 252

Rennes, le 16 Octobre 1933

Doit M. ROPTIN - Graines - DINAN

100	Tulipes simples rouges	23	0
50	-- -- jaunes	11	50
50	Renoncules doubles rouges	8	00
50	Anémones	12	00
	Jacinthes roubles blanches manquent		
		54	50

Valeur en votre ...
mon C.C.P. n° 16.866 R...
pour le 10 novembre
ou en ma traite au 15 novembre
augmentée de 1,65 pour frais
timbres et encaissement

CARTE POSTALE

Ce côte est exclusivement réservé à l'adresse

Inscription de privil[ège]
est requise au bureau d[e]
St Lô.   Au profit d[e]

madame Victoire Jeanne p[...]
rant à Castillon veuve de Monsieur Jean[...]
             Pour laquelle domicile est élu
de l'inscription à Saint Lô en l'étude de Me Le[...]
ette ville et pour la correspondance et le re[...]
l'étude de Me Leblond notaire à Balleroy.

                         Contre

        Monsieur Arthur Ursin Colleville
cultivateur demeurant au Hommet d'Arthe[nay]
                         En vertu
        1° de la loi et notamment de l'art[...]
code civil
        2° D'un acte reçu par Me Le[blond]
Balleroy le deux juillet mil huit cent quatre vi[ngt...]
contenant donation à titre de partage anticipé p[ar...]
Colleville inscrivante à ses trois enfants au nom[...]
Arthur Ursin Colleville
        Premièrement De l'usufruit
droit dans les immeubles appartenant [à feu]
monsieur Jean Jacques Colleville son dé[funt...]
        Deuxièmement - De la part
en pleine propriété qu'en usufruit dans le[s...]
dépendant de la société d'acquêts ayant exi[sté]
son défunt mari désigné au dit acte.
        Troisièmement   Et de la pa[rt]
également tant en pleine propriété qu'en u[sufruit...]
immeubles dépendant de la dite société d'a[...]
        2° Partage entre les donatai[res]
donnés que de ceux par eux accueillis dan[s...]
de monsieur Jean Jacques Colleville leur [...]

HOTEL DE FRANCE
FOUQUÉ
Boulevard Chateaubriand, PARAMÉ

307 10 f. orange . . . 25 » 12 50

1965. — Type CC. Europa. Dentelé 12.

308 50 r. outremer et brun foncé 1 75 1 50

1965. — Armes nobles. Papier avec fragments de fils de soie. Dentelés 11½.

Seigneurs de Schellenberg.
399 20 r. polychrome . . . 0 75
400 30 r. polychrome . . . 0 75

Seigneurs de Gutenberg.

Barons de Bra...

Seigneurs de Frauenberg.
401 80 r. polychrome
402 1 f. polychrome

Seigneurs de Ramschwag.
. . . 2 25
. . . 2 75 2 50

Princesse Georgina et prince
Franz Josef Wenzel.

1965. — Type dd. Papier avec fragments de fils de soie. Dentelé 12.

403 25 r. gris, or, violet rose . . . 2 » 2 »

1965. — Type ee. Centenaire de l'Union Interna-
tionale des Télécommunications. Papier avec
fragments de fils de soie. Dentelé 11½.

404 25 r. polychrome . . . 21 » 1 »

1965. — Centenaire de la naissance du peintre
Ferdinand Nigg. Papier avec fragments de fils
de soie. Dentelés 12.

Europa. Dentelé

Papier avec fragments de
soie 11½.

Noël. Papier avec fragments
de soie 11½.

FURSTENTUM LIECHTENSTEIN

Terre saine.
408 10 r. citron et vert foncé
409 20 r. bleu et bleu foncé

FURSTENTUM LIECHTENSTEIN

Eau propre.
410 30 r. émeraude et out...
411 1 f. 50, jaune et rou...

1963. — 60e anniversaire
du prince François
Joseph II. Papier avec
fragments de fils de soie.
Dentelé 11½.

412 1 f. gris,
or, viol.-gr.
et ocre 3 » 3

1966. — Armes de fam...
Papier avec fragments

von Trisun.
415 60 r. polychrome
416 1 f. 20, gris, noir et o...

ADIEU !

MANTEAU DU SOIR, DE WORTH

Mᴹᴱ IDA RUBINSTEIN
DANS LA DAME AUX CAMÉLIAS

ROBE, DE WORTH

Au revoir...

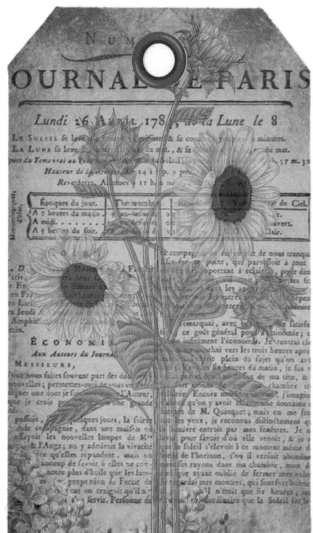

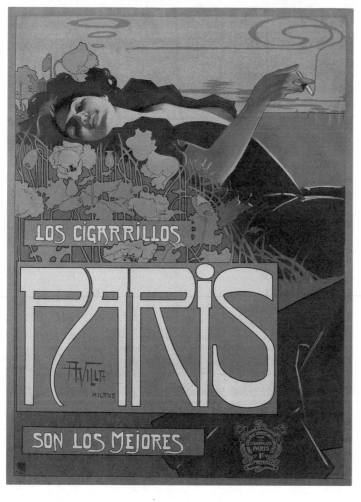

Doit Mr Cheval de Paris
... 4 Bouteilles alicant à 3# ......
... 4 Muscat ...... à 1f 60 ...
... 3 Malaga ...... à 3# ...
... 4 champagne ...... à 3# 50 ......
                    Du Dit
Avoir Mr Cheval de Paris
Neuf cents francs payés à valoir   9
                    Du 13 7bre
Avoir Mr Cheval de Paris
Du billet pbe. su novembre de .. 800 frcs   8
Du billet pbe. su octobre de .. 800 frs ...   8
                    Du 15 7bre 1813
Avoir Mr Cheval de Paris
Six cents francs payés à valoir ... Cy   6c
                    Du 1er 8bre
Avoir Mr Cheval de Paris
payés à valoir Six cents francs ...... Cy   6
                    Du 12 8bre
Doit Mr Bellonne
Une pièce de vin de 160# ...... Cy ...   16
                    Du 29. 8bre
Doit Mr Cheval de Paris
1 Muid vin blanc de 160# ... Cy ...   22
1/4 vin blanc Bourgogne de 60 ...
                    Du 12 9bre
Doit Mr Cheval de Paris
6 pièces de vin à 14#   8
1 Muid vin blanc de 160# ...... Cy   16
                    Du dit
Avoir Mr Cheval de Paris
quinze cents cinquante deux francs.
En deux Effets payables.
    14 février .... 800#
    30 Xbre. 1813 ... 752 } 1552 .. Cy   155
les quels acquités seront pour solde
de tout compte Jusqu'a ce jour 12 9bre 1813.

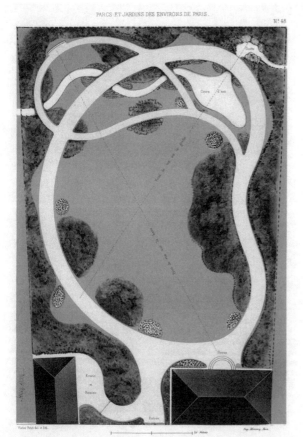

Petit Jardin Anglais

SYMPHONIE AUTOMNALE

MANTEAU, ET ROBE D'APRÈS-MIDI, DE WORTH

PARISIAN HEAD DRESSES FOR APRIL.

Engraved for the 31st Number of the New Series of La Belle Assemblee May 1st 1812.

Jamais vainqueur ... preuves de ...

... champs ... ...

... prise ...

... enlever ou ... ne se mettre ...

... circonlocution consiste ... à ... connaître

... par des développements particuliers ... que

dans la crainte de déplaire ...

... et ...

... des expressions ... on que ...

... Boileau ... ... a 5 ...

... ... cette idée commune :

Jamais vainqueur ... qu'enfin la ...

... mes ... ... déjà toute ...

Grande robe du soir en brocart d'argent.
Perruque bleue, aigrettes.

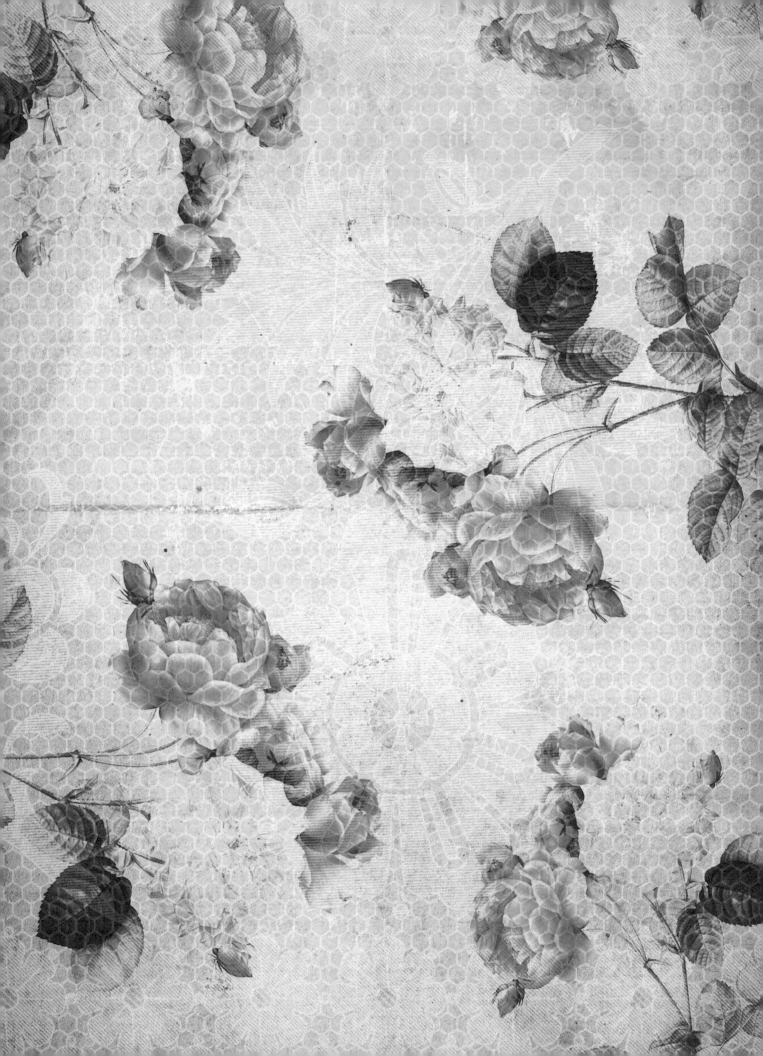

L'ARBRE DE SCIENCE

Robe du soir de Dœuillet

... à laquelle ...
... Chassaing ... des ...
... primordies paroisse ...
... d'inventaire de deffuns ...
... aux biens faites ailleurs qu'en ...
... procurateze bourgeois ...
... heritier de deffuns ... n'a ...
... faire Elections de dou... ...
... procureur au bailli...
... Charles Louis ...
... transporte au domicille dem...
habitans du bourg d'Olmes ...
... auquel ... parlans je luy ay ...
... la teneur des Jugemens ...
... d'Olmes ... le douze ...
... de leur presse ...
... la consequence ...

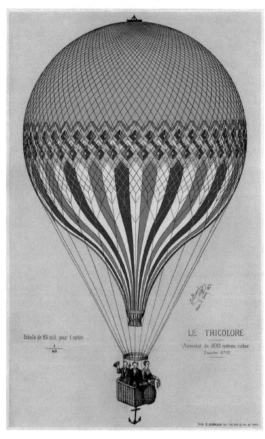

HOTEL DE FRANCE

FOUQUÉ

Boulevard Chateaubriand, PARIS

MOULIN ROUGE

PARIS-CANCAN

PAR TOUTES LES CÉLÉBRITÉS CHORÉGRAPHIQUES

Tous les Soirs

SPECTACLE · CONCERT · BAL

Orchestre de 50 Musiciens dirigé par MM. MABILLE & CHAUDOIR

Imp. CHAIX. (Ateliers Chéret) / 20, rue Bergère. PARIS - 21.344 -90

SELVA   LARIDAN

Carte Postale

SEASONS,

En Vente chez tous les Libraires PRIX 3 fr 50

La Gomme

Par

Félicien CHAMPSAUR

E. DENTU. EDITEUR, 3. Place de Valois, PARIS.

Grand Album de Chapeaux
Chic Parisien

~ Le Petit Poulailler ~

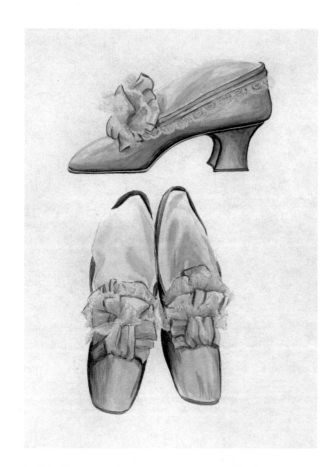

taillé robe et man-
teau ; s'il faut les
faire faire, c'est une
dépense supplémen-
taire à inscrire au
budget, car ces coif-
fures spécialisées à la
robe qu'elles complè-
tent s'ajoutent aux
autres chapeaux, mais
ne les remplacent pas.
Pour en faciliter l'ex-
écution à nos lec-
trices, nous donnons
dans la Série C de ce
numéro le patron de
la capeline fig. V et
du petit cabriolet fig.
VI. La robe chemise
qu'il accompagne
n'est rien à faire
(voyez le patron donné
aussi dans la Série
C). Les robes sans
manches un peu dé-
colletées comme celle-
ci siéent à ravir aux
petites filles ; si l'en-
fant est fragile ou un
peu maigrelette, il est
fa ile de compléter la
robe par une petite
guimpe d'organdi.

Des costumes pay-
sans de nos provin-
ces, on tire cette année

- Tailleur en
c. (Patron de
empiècement
ns la Série
uméro.)

Fig. VIII. — *Chapeau en paille fantaisi*
bleuet garni de cocardes en ruban plissé rose et

encore des robes d'enfant d'une grâce pit
que : la brassière de voile rayé fig. II,
selet de toile rose fig. V en sont des spéc
tout particulièrement réussis ; on peut
ces robes tout à fait simples, pour la camp
avec ce qu'on aurait appelé autrefois une «
de quatre sous », c'est-à-dire avec une p
imprimée ou un crépon de coton qui coû
alors o fr. 65, o fr. 95 ou 1 fr. 45 le mètre, et
paye aujourd'hui le double ou le triple
on peut aussi les interpréter en robes « hab
et les faire pour cela en foulard, en taffe
en un joli voile de coton fin ; ainsi, on v

POUR PRENDRE DE L'E

de certains stimulants permet de
l'inappétence et les difficultés de
on que provoque une alimentation
aisse. Parmi ces stimulants il en est
rie qui n'ont pas de valeur nutritive.
l'appétit, ils font manger, ils aident
ais ils ne permettent pas de faire des
de gagner de l'embonpoint. Le plus
le ces stimulants, c'est le sel — dont la
st fort pénible et provoque une inap-
lus souvent insurmontable. Le bouil-

rien ne peut lutter avec une dose modér
grands crus de bordeaux, de bourgogne

BONNET

DE NUIT

OU DU

MATIN

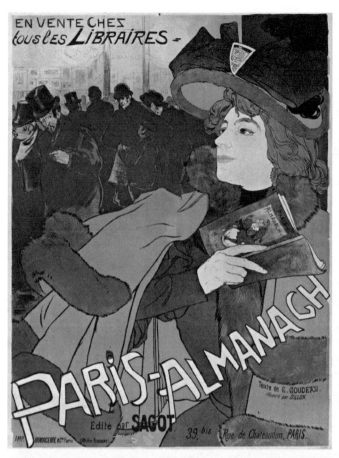

225e anniversaire de l'envolée
Dentelé 12½ × 12.
...bistre . . . 3 » 0 75

225e anniversaire de la naissance
...Souvorov. Dentelés 12½
et carminé . . . 2 75 1 25
...as brun . . .
as et . . . 15 . . 50

...de la naissance de l'académicien
...Dentelé 12 × 12.

...de la naissance du peintre
...v. Dentelés 12½ × ...

...En l'honneur de Kalidasa, poète
...ne (IVe et Ve siècles). D. 12 × 12½.
...carminé . . . 2 » 0 75

2e centenaire du premier théâtre
...ssie (St-Petersbourg-Leningrad).
...2.
...sé, brun-gris
...ne . . . 2 » 0 75

...ds écrivains (1re série). Sujets et
(même présentation). Millésimes
Dentelés 12½, 12½ × 12.
...CCCP 1956
Sujets: no 1883,
Maxime Gorki; no
1884, M. V. Lomo-

1957. — Type iz. 275e anniversaire de la naissance
de Vitus Béring, navigateur russo-danois.
Dentelé 12½ × 12.
1890 40 k. brun, bleu, bleu-
vert et sépia . . . 7 » 1 25

1957 — Type ka. Cinquantenaire de la mort du
chimiste D. I. Mendeleiev. Dentelé 12½ × 12½
1891 40 k. gris et brun-violet . . . 4 » 1 75

...timbre a été surchargé en 1959 pour le Congrès Mendeleiev, mais n'a pas été mis en circulation (valeur 200 »).

1957. — Centenaire de la
mort du compositeur M.
Glinka. Sujets divers. Mil-
lésimes . . . 1857-1957.
Dentelés 12½, 12 × 12½.
Sujets: 40 k. portrait de
Glinka; 1 . . . scène . . .
...Sousanine».
1892 40 k. rouge, chair et brun . . .
1893 r. . . . . . .

1957 — Festival de la
...sse soviétique . . .
...té 12½ . . .
1894 . . .
coloré . . .

1957. — 23e Championnats
mondiaux de hockey sur
glace, à Moscou. Sujets
divers (même présentation).
Dentelés 12½, 12 × 12½.
Sujets: 25 k. insigne des joueurs
russes; 40 k. joueur en action;
60 k. gardien de but.
1895 25 k. violet 1 25 0 50
1896 40 k. bleu 4 » 1 »
1897 60 k. vert 6 50 1 75

VI
1957

Colonne droite

Sujets: no 1900, p...
ture sur bois; no 19...
ciseleur sur bois; no 19...
dentellière; no 1903, ...
leur sur os; no 19...
Turkmène tissant ...
tapis; no 1903a, pe...
de Palekh.
1900 40 k. polychro...
1901 40 k. polychro...
1902 40 k. polychro...
1903 40 k. polychro...
1903A 40 k. polychro...
1903B 40 k. polychro...

Nos 1900 à 1903...

1957 — Animaux
Dentelés 12-12½

Sujet: no 1903...
...; no 1904A ...
canard vert; ...
no 1909, ...m. — Fo...
1907 et 1908, horiz...
1903C 15 k. brun et...
1904 ... brun...
1904A ...
... 20 k. ...
... 30 k. vert ...
1907 40 k. jaune...
... 40 k. brun...
1909 40 k. vert ...

Nos 19... à 19...

1910 ... Gork...
2484 à 13 à 27...
1957 ...
...lés ...
19... rouge...
1910A 40 k. noir ...
1910B 2 k. vert (do...
191... 2 k. bleu-gr...
191... 30 k. brun (d...
1911B 40 k. rouge...

Nos 1910 à 19...

Ces timbres ...
no 734 était typo...
le no 1910, 14 × 21...

Cigale

DASSON

Paris Carte Postale PARIS FRANCE 75001 PAR AVION

Gratz 27 Xbre 1833

J'ai reçu Monsieur vos 2 lettres de
2 et 28 que je connais votre dévoûment
a mon fils et à moi. Je vous remercie
des lithographies et j'attends avec
impatience le portrait de puis que l'on
dit très ressemblant J'accepte avec
grand plaisir la dédicace de votre
ouvrage des voyages d'Henri V
et je serai bien aise d'avoir un agrè
plaire de la journée du jeune exilé
Croyez monsieur à toute mon affection
et estime

Marie Caroline

A Monsieur
Monsieur d'Hardivillier

Hôtel Du Louvre
Place André Malraux
75001 Paris, France

CHAMPS-ELYSÉES

Palais de Glace

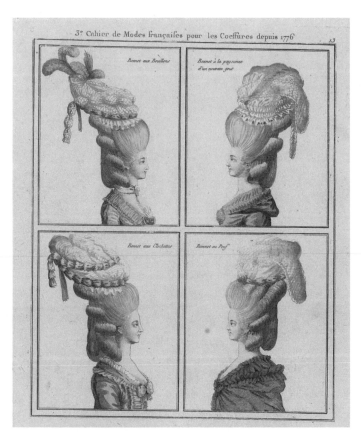

3ᵉ Cahier de Modes françaises pour les Coeffures depuis 1776

ENTRÉE o,50c.

5me EXPOSITION
du 1er au 31 Octobre

SALON DES CENT · 31· Rue Bonaparte.

Imp. BOURGERIE & Cie, 83, Faubg St Denis, Paris.

LA FRAISETTE

MARQUE UNIQUE

EXIGEZ LA BOUTEILLE D'ORIGINE

Imp. P. VERCASSON & Cie, 43 Rue de Lancry, PARIS.

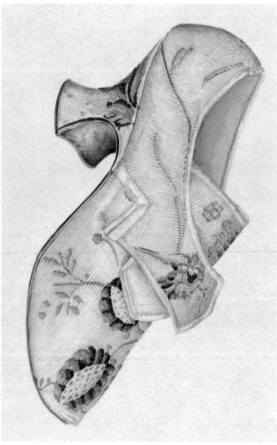

est requise au bureau des hypothèques

St Lô

Au profit de

madame Victoire Jeanne propriétaire demeurant à Castillon veuve de monsieur Jean Jacques

Pour laquelle domicile est élu pour la prise
de l'inscription à Saint-Lô en l'étude de Me Leclerc notaire
cette ville et pour la correspondance et le renvoi des pièces
l'étude de Me Leblond notaire à Balleroy

Contre

monsieur Arthur Ursin Colleville propriétaire
cultivateur demeurant au Hommet d'Arthenay (manche

En vertu

1° de la loi et notamment de l'article 2109
code civil

2° D'un acte reçu par Me Leblond notaire
Balleroy le deux juillet mil huit cent quatre vingt dix neuf
contenant donation à titre de partage anticipé par madame
Colleville inscrivante à ses trois enfants au nombre desquels
Arthur Ursin Colleville

Premièrement De l'usufruit auquel elle
droit dans les immeubles appartenant personnellement
monsieur Jean Jacques Colleville son défunt mari

Deuxièmement De la part lui revenant
en pleine propriété qu'en usufruit dans les valeurs im-
dépendant de la société d'acquêts ayant existé entre elle
son défunt mari désigné au dit acte.

Troisièmement Et de la part lui reven
également tant en pleine propriété qu'en usufruit dans
immeubles dépendant de la dite société d'acquêts

2° Partage entre les donataires fait des
données que de ceux par eux recueillis dans la succes
Colleville leur père ses

ARLY
15, Rue Royale, 15
LONDRES   PARIS   NEW-YORK
Flacon réclame envoyé franco contre mandat de 10 francs

Théâtre de l'Opéra

Samedi 22 Janvier
GRANDE FÊTE À L'OPÉRA
1er BAL MASQUÉ

EXTRA-SUPÉRIEURE
J. ÉDOUARD PERNOT
SOCIÉTÉ ANONYME
MONTBÉLIARD (Doubs)

La Société est seule concessionnaire
de la Grande Marque   "LIQUEUR MONT-CHRIST"

PARIS FASHION 1914

Here are the background
paper designs for you to use
in your projects.

iversaire de l'envolée
2½ × 12.
    3 » 0 75
saire de la naissance
Dentelés 12½.
    75 1 25
sance de l'académicien
x 2.

niassance la peinture

ire du premier théâtre
tersbourg-Leningrad).

s
      0 75
is (1re série). Sujets et
entation). Millésimes
2½, 12½ × 12.

  Sujets : no 1883,
Maxime Gorki ; no
1884, M. V. Lomo-
nossov ; no 1885

1957 — Type iz. 235e anniversaire de la naissance
de Vitus Bering, navigateur russo-danois.
Dentelé 12½ × 12.
1890 40 k. brun, bleu, bleu-
    vert et sépia . . . 7 » 1 25

1957 — Type ka. Cinquantenaire de la mort du
chimiste D. I. Mendeleev. Dentelé 12 × 12½.
1891 40 k. gris et brun-violet 4 » 1 75
Ce timbre a été surchargé en 1959 pour le Congrès Mendeleev, mais n'a pas été mis en circulation (valeur 200 »).

1957 — Centenaire de la
mort du compositeur M.
Glinka. Sujets divers. Millésimes 1804 - 1857 - 1957.
Dentelés 12½, 12 × 12½.

Sujets : no 1 portrait de
Glinka ; no scène de l'opéra
« Ivan Soussanine ».

1892 40 k. rouge, chamois et brun
1893 1 r. polychrome

1957 — Festival de la
jeunesse soviétique. Dentelé 12 × 12½.

1894 40 k.
colore

1957. — 23e Championnats
mondiaux de hockey sur
glace, à Moscou. Sujets
divers (même présentation).
Dentelés 12½, 12 × 12½.

Sujets : 25 k. insigne des joueurs
russes ; 40 k. joueur en action ;
60 k. gardien de but.

1895 25 k. violet 1 25 0 75
1896 40 k. bleu 2 1
1897 60 k. vert 6 50 1 75

Sujets : no 1900, pein-
ture sur bois ; no 1901,
ciseleur sur bois ; no 1902,
dentellière ; no 1903, ciseleur sur os ; no 1903A
Turkmène tissant des
tapis ; no 1903B, peintre
de Palekh.

1900 40 k. polychrome
1901 40 k. polychrome
1902 40 k. polychrome
1903 40 k. polychrome
1903A 40 k. polychrome
1903B 40 k. polychrome

Nos 1900 à 1903B (6 val.)

1957 — Animaux divers.
Dentelés 12-12½.

Sujet : no 1903C, martre de plaine
; no 1904 ours polaire ; no 19
écureuil hiver ; no 1907, bison ;
no 1909, élan. — Format vertical p
1906 et 1908, horizontal pour les au
1903C 10 k. brun et polychrome
1904 15 k. brun et polychrome
1905A 15 k. brun et polychrome
1906 20 k. orange et polychrome
1907 30 k. vert et polychr.
1907 50 k. outremer et polychr.
1908 40 k. brun-vert et polych.
1909 40 k. vert olive et polyver.

Nos 1903C à 1909 (8 val.)

Ces timbres sortiront de no
318

1957 — no de 1936 (8 v.)
Dentelés 12½.
1910 rouge (no
1910A 5 k. noir (
1910B 20 k. vert (dg)
1911 25 k. bleu-gris (dp)
1911 30 k. brun (ds)
1911B 40 k. rouge-brun (dr)

Nos 1910 à 1911 (6 val.)

Ces timbres ont été imprim
no 734 était typographié). Form
le no 1910, 14 × 21 pour les autre

1957. — Armoiries de l'U.R.S.S.

Inscription de privilèg[e]
est requise au bureau des
St Lô. Au profit de
madame Victoire Jeanne pro..
rant à Castillon veuve de Monsieur Jean J...
Pour laquelle domicile est élu po..
de l'inscription à Saint-Lô en l'étude de Me Lecle..
cette ville et pour la correspondance et le rem..
l'étude de Me Leblond notaire à Balleroy.

Contre

Monsieur Arthur Ursin Colleville
cultivateur demeurant au Hommet d'Arthenay

En vertu

1° de la loi et notamment de l'...
code civil
2° D'un acte reçu par Me Leblon[d]
Balleroy le deux juillet mil huit cent quatre ving..
contenant donation à titre de partage anticipé par
Colleville inskrivante à ses trois enfants au nombre
Arthur Ursin Colleville

Premièrement De l'usufruit au
droit dans les immeubles appartenant per..
monsieur Jean Jacques Colleville son défu..

Deuxièmement De la part d..
en pleine propriété qu'en usufruit dans les ..
dépendant de la société d'acquêts ayant caus..
son défunt mari désigné au dit acte.

Troisièmement Et de la part
également tant en pleine propriété qu'en usu..
immeubles dépendant de la dite société d'acq..

2° Partage entre les donataires
donnés que de ceux par eux recueillis dans
de monsieur Jean Jacques Colleville leur p..

397 10 f. orange . . . 25 » 12 50

1965. — Type **cc**. Europa. Dentelé 12.

398 50 r. outremer et brun foncé 1 75 1 50

1965. — Armes nobles. Papier avec fragments de ... soie. Dentelés 11½.

...a. Dentelé

. . . 3 »

Papier avec fragments de

Seigneurs von Brau...

Fürstentum Liechtenstein ... A

Barons de Bra...

1 »

... »

... Hohenem...

Fürstentum Liechtenstein 150

Comtesse Hohenems.

...4 » ... »

...5 » ... »

FÜRSTENTUM Kaiser... de fils
179 PETER KAISER 1864
LIECHTENSTEIN

...l. Papier avec fragments 11½.

...40

herren von Schellenberg — Fürstentum Liechtenstein 20

Seigneurs de Schellenberg.

...20 r. polychrome ... 1 » 0 75

400 30 r. polychrome ... 1 » 0 75

herren von Gutenberg — Fürstentum Liechtenstein 50

Seigneurs de Gutenberg.

herren von Frauenberg — Fürstentum Liechtenstein 80

Seigneurs de Frauenberg.

401 80 r. polychrome

402 1 f. polychrome

herren von Ramschwag — Fürstentum Liechtenstein 100

Seigneurs de Ramschwag.

2 25
2 75 2 50

Fürstentum Liechtenstein 75

Princesse Georgina et prince Franz-Josef Wenzel

dd

1965. — Type **dd**. ... Papier avec fragments de fils de soie. Dentelé ½

403 75 r. gris, or, viol.-rose 2 »

1965. — Type **ee**. Centenaire de l'Union Interna-tionale des télécommunications. Papier avec fragments de fils de soie. Dentelé 11½.

404 25 f. polychrome 1 » »

1965. — Centenaire de la naissance du peintre Ferdinand Nigg. Papier avec fragments de fils de soie. Dentelés 11½.

FÜRSTENTUM LIECHTENSTEIN 10

Terre ... ine.

408 10 r. citron et vert foncé
409 20 r. bleu et bleu foncé

FÜRSTENTUM LIECHTENSTEIN

Eau propre.

410 30 r. émeraude et outren...
411 1 f. 50, jaune et rouge

1966. — 60e anniversaire du prince François-Joseph II. Papier avec fragments de fils de soie. Dentelé 11½.

412 1 f. gris, or, viol.-gr. et ocre 3 » 3 »

1966. — Armes de famille. Papier avec fragments de fil...

herren von Richenstein — LIECHTENSTEIN 20

von Richenstein.

413 20 r. polychrome
414 30 r. polychrome

LIECHTENSTEIN 60

von Trisun.

415 60 r. polychrome
416 1 f. 20, gris, noir et or

JM FERDINAND NIGG 1865-1949

JM FERDINAND NIGG 1865-1949

Doit Mr Cheval de Paris

... 4 Bouteilles alicant à 3ᵗ 12

... 6 Muscat .... à 1ᵗ 60 8

... 3 Malaga .... à 3ᵗ 00

... 4 champagne .... à 3ᵗ 60 14

Du Dit

———— Avoir Mr Cheval de Paris ————

Neuf cents francs payés à valoir 900

Du 13 9bre

———— Avoir Mr Cheval de Paris. ————

Du billet pb. ... Ju novembre de ... 800 fr ... 800

Du billet pb. Ju octobre de ... 800 fr ... 800

Du 15 9bre 1813

———— Avoir Mr Cheval de Paris. ————

Six cents francs payés à valoir ... Cy 600

Du 1er 8bre

———— Avoir Mr Cheval de Paris. ————

payés à valoir Six cents francs ... Cy 600

Du 12 8bre

Doit Mr Bellonne.

Une piece de vin de 160ᵗ ... Cy 160

Du 29 8bre

———— Doit Mr Cheval de Paris. ————

1 Muid vin blanc de 160ᵗ ... Cy 220

1/4 vin blanc Bourgogne de 60 ...

Du 12 9bre

Doit Mr Cheval de Paris

6 pieces de vin à 145 ... 870

1 Muid vin blanc de 160ᵗ ... Cy 160

Du dit

———— Avoir Mr Cheval de Paris ————

quinze cents cinquante deux francs.

En deux Effets payés.

14 février .... 800 fr

30 Xbre 1813 .... 752 } 1552 ... Cy 1552

Les quels acquittés seront pour solde

De tout compte jusqu'à ce jour 12 9bre 1813.

mais vainceur franchi les rives de Scamandre

champs ... ... descente

... ... prise ... ...

... il enlevé ou ... ... moteur

... circumlocution consiste ... ... connaître

... ... des développements particuliers ... qu'on

dans la crainte ... de déplaire

... et ... ...

... ... appréhensions inutiles ou qu'il ... ...

... Boileau ... voulant dire ... ... 5 ... ...

... ... cette idée ... commune :

... ... qu'enfin la ... ...

... mes faux cheveux ... ... déjà toute blanche

... a laquelle ... Chassaing et des ...
... des paroisse d'Augero
ne fue d'inventaire de deffuns m ...
... aux biens faite ailleurs qu'en
... propriete ... bourgeois ho...
... heritier de deffuns m ...
... faire Election de dom ... de ...
... procureur ... baill...
... m Charleslouis ... toil...
... au domaine des m ...
habitons du bourg dolmes ...
auquel ... parlons je luy ay ...
... la tenue des Jugemens doul...
... Le douze ...
... de Louis ... greffier ...

S. G.

B.P.F.

GRAINS

MAISON FONDÉE EN 1847

Vve J. Calatayud

— 11, Rue Georges-Clemenceau, 11 —

LA ROCHE-SUR-YON (Vendée)

HARICOTS SECS — MILLETS BLANCS

Oranges, Citrons, Mandarines

— PRIMEURS EN GROS —

H. DUCROO

LA GOT

La Roche-sur-Yon,

Nº

La Roche-sur-Yon. — Imp. Moder

taillé robe et man-
teau ; s'il faut les
faire faire, c'est une
dépense supplémen-
taire à inscrire au
budget, car ces coif-
fures spécialisées à la
robe qu'elles complè-
tent s'ajoutent aux
autres chapeaux, mais
ne les remplacent pas.
Pour en faciliter l'ex-
écution à nos lec-
trices, nous donnons
dans la Série C de ce
numéro le patron de
la capeline fig. V et
du petit cabriolet fig.
VI. La robe chemise
qu'il accompagne
n'est rien à faire
(voyez le patron donné
aussi dans la Série
C). Les robes sans
manches un peu dé-
colletées comme celle-
ci siéent à ravir aux
petites filles ; si l'en-
fant est fragile ou un
peu maigrelette, il est
fa ile de compléter la
robe par une petite
guimpe d'organdi.

Des costumes pay-
sans de nos provin-
ces, on tire cette année

illeur en
atron de
iècement
la Série
éro.)

Fig. VIII. — *Chapeau en paille fantaisie l*
bleuet garni de cocardes en ruban plissé rose et ro

encore des robes d'enfant d'une grâce pittor
que : la brassière de voile rayé fig. II, le c
selet de toile rose fig. V en sont des spécim
tout particulièrement réussis ; on peut fa
ces robes tout à fait simples, pour la campag
avec ce qu'on aurait appelé autrefois une « éto
de quatre sous », c'est-à-dire avec une perc
imprimée ou un crépon de coton qui coûtai
alors o fr. 65, o fr. 95 ou I fr. 45 le mètre, et qu
paye aujourd'hui le double ou le triple ; m
on peut aussi les interpréter en robes « habillé
et les faire pour cela en foulard, en taffetas
en un joli voile de coton fin ; ainsi, on verr

POUR PRENDRE DE L'EM

certains stimulants permet de
nappétence et les difficultés de
que provoque une alimentation
e. Parmi ces stimulants il en est
qui n'ont pas de valeur nutritive.
ppétit, ils font manger, ils aident
ils ne permettent pas de faire des
gagner de l'embonpoint. Le plus
es stim ulants, c'est le sel — dont la
ort pénible et provoque une inap-
souvent insurmontable. Le bouil-

rien ne peut lutter avec une dose modérée
grands crus de bordeaux, de bourgogne ou

BONNET

DE NUIT

OU DU

MATIN

Left column

5e anniversaire de l'envolée
télé 12½ × 12.
tre . . . 3 " 0 75
anniversaire de la naissance
...vov. Dentelés 12½.
... 2 7 25
...run
15 30
...naissance de l'académicien
...elé ... 2.

de la naissance ... peintre
Dentelé ...

4 75 1 0

t l'honneur de Kalidasa, poète
IVe et Ve siècles). D. 12 × 12½.
iné . . . 2 » 0 75
centenaire du premier théâtre
(St-Petersbourg-Leningrad).
...run-gris
. . . 2 » 0 75
écrivains (1re série). Sujets et
ne présentation). Millésimes
...telés 12½, 12½ × 12.

Sujets : n° 1883,
Maxime Gorki; n°
1884, M. V. Lomo-

Middle column

1957. — Type iz. 275e anniversaire de la naissance
de Vitus Bering, navigateur russo-danois.
Dentelé 12½ × 12.
1890 40 k. brun, bleu, bleu-
vert et sépia . . . " 1 25
1957. — Type ka. Cinquantenaire de la mort du
chimiste D. J. Mendeleïev. Dentelé 12 × 12½.
1891 40 k. gris et brun-violet . 4 » 1 75
... timbre a été surchargé en 1959 pour le Congrès Men-
deleïev, mais n'a pas été mis en circulation (valeur 200 »).

1957. — Centenaire de la
mort du compositeur M.
Glinka. Sujets divers. Mil-
lésimes 1857-1957.
Dentelés 12½, 12 × 12½.

Sujets : 40 k. portrait de
Glinka; 1 r. scène d'opéra
Rouslan et Soudmila.
1892 40 k. rouge carmin et brun
1893 1 r. polychrome
50

1957. — Festival de la jeu-
nesse soviétique à Moscou.
Dentelé 12½, 12
1894 ...
coloré ...

1957. — 23e Championnats
mondiaux de hockey sur
glace, à Moscou. Sujets
divers (même présentation).
Dentelés 12½, 12 × 12½.

Sujets : 25 k. insigne des joueurs
russes; 40 k. joueur en action;
60 k. gardien de but. 
1895 25 k. violet 1 25 0 50
1896 40 k. bleu ...
1897 60 k. vert 6 50 ...

Right column

Sujets : n° 1900, pein-
ture sur bois ; n° 1901,
ciseleur sur bois ; n° 1902,
dentellière ; n° 1903, cise-
leur sur os ; n° 1903A
Turkmène tissant des
tapis ; n° 1903B, peinture
de Palekh.
1900 40 k. polychrome
1901 40 k. polychrome
1902 40 k. polychrome
1903 40 k. polychrome
1903A 40 k. polychrome
1903B 40 k. polychrome
Nos 1900 à 1903B (6 ...

1957. — Animaux di...
Dentelés 12-12½.

Sujets : n° 1903C ...
...; n° 1 ...A ...spor...
carmin et vert; n° 1907
n° 1909, ... — Format
1906 et 1908 horizontal
1903C 10 k. brun et poly
...04 ... brun et polyc
...A ... 20 k polys
... 20 k. orange et bol
... 30 k. vert ...
...07 30 k. outremer et
...08 40 k. ...
...09 40 k. vert ...
Nos 1903 à 1909 ...

3184 ...
1957 ...
...elés 12...
... rouge (n°
1910A ... e noir (...
1910B 2 k. vert (dq...
491 ... 2 k. bleu-gris (d...
... 30 k. brun (ds)
1911B 40 k. rouge (dut)
Nos 1910 à 1911 (6 v...
Ces timbres ont été...
n° 734 était typograph...
le n° 1910, 14 × 21 pour...

est requise au bureau des hypothèques
St Lô

Au profit de
madame Victoire Jeanne propriétaire de
ant à Castillon veuve de Monsieur Jean Jacques ___
Pour laquelle domicile est élu pour la valid.
l'inscription à Saint-Lô en l'étude de Me Leclerc notaire e
te ville et pour la correspondance et le renvoi des pièces
l'étude de Me Leblond notaire à Balleroy

Contre
Monsieur Arthur Ursin Colleville propriétai
____ demeurant au Hommet d'Arthenay (manche)

En vertu
1° de la loi et notamment de l'article 2109 d
de civil
2° D'un acte reçu par Me Leblond notaire à
Balleroy le deux juillet mil huit cent quatre vingt dix neuf
contenant 1° donation à titre de partage anticipé par madame ve
Colleville inscrivante à ses trois enfants au nombre desquels mon.
Arthur Ursin Colleville

Premièrement De l'usufruit auquel elle au
troit dans les immeubles appartenant personnellement
Monsieur Jean Jacques Colleville son défunt mari,

Deuxièmement - De la part lui revenant de
n pleine propriété qu'en usufruit dans les valeurs mobi
dépendant de la société d'acquêts ayant existé entre elle
bon défunt mari désigné au dit acte.

Troisièmement Et de la part lui revena
également tant en pleine propriété qu'en usufruit dans le
immeubles dépendant de la dite société d'acquêts.

2° Partage entre les donataires tant des bi
donnés que de ceux par eux recueillis dans la succession
____ veuve Colleville leur père aux noms

Made in United States
Troutdale, OR
12/28/2024

27367458R00071